clara

Kurze lateinische Texte
Herausgegeben von Hubert Müller

Heft 34

Lukrez, De rerum natura

Bearbeitet von Roland Frölich und Giselher Künzel

Mit 11 Abbildungen

Zusätzliches Material und Projektideen unter
www.v-r.de/Lukrez
Passwort: X9C7RFrw

Vandenhoeck & Ruprecht

Für Hans-Helmut Wiskirchen

Inhalt

ISBN 978-3-525-71736-3

Ein Gedicht über Atomphysik?

Spontan würden wir wohl sagen: Das gibt es nicht. Bei den alten Griechen und Römern schon. Da gab es sogar eine Literaturgattung, die zum Ziel hatte, Wissen und Erkenntnisse in Gedichtform zu vermitteln: die sog. *Lehrdichtung*. Deren Anfänge reichen bis in die Frühzeit der griechischen Literatur zurück. Zunächst dauerte es längere Zeit, bis sich bei den Griechen eine Literatur in Prosa entwickelte. Die frühen literarischen Werke der Griechen sind allesamt Dichtungen. Auch als es Prosaliteratur – und später Fachtexte – gab, behielt man die Gattung „Lehrgedicht" bei – zu Themen wie Astronomie, Medizin, Landwirtschaft, Jagd, Dichtkunst und Philosophie.

Das berühmteste römische Lehrgedicht stammt von Titus Lucretius Carus, meistens kurz Lukrez genannt. Über sein Leben gibt es kaum gesicherte Erkenntnisse. Er wurde etwa 97 v. Chr. geboren und starb vermutlich 55 v. Chr. Sein einziges bekanntes Werk *De rerum natura*, „Über das Wesen der Dinge", widmete er einem Politiker namens Gaius Memmius, den er immer wieder direkt anspricht:

„Denn ich will zu dir über das wahre Wesen des Himmels und der Götter
zu sprechen beginnen und die Elemente der Dinge ausbreiten,
aus denen die Natur alle Dinge erschafft, vermehrt und erhält
und in welche die Natur ebenso die Dinge, wenn sie zerstört sind,
wieder auflöst. Diese nennen wir in der Darstellung unserer Lehre
gewöhnlich Grundstoff und Urkörper und Samen der Dinge
und bezeichnen sie auch als erste Körper, weil alles zuerst aus jenen besteht."
(I 54–61; Übersetzung: G. Künzel)

Was meint Lukrez mit „Elementen", „Grundstoff", „Urkörpern", „Samen der Dinge"? Die griechischen Philosophen Demokrit und Leukipp hatten zuerst die Theorie aufgestellt, dass die Materie aus kleinsten Teilchen, den Atomen (gr. átomoi), besteht. Diese Lehre wurde später von Epikur, dem philosophischen Vorbild des Lukrez, aufgegriffen. Daraus entwickelte Lukrez eine umfassende Beschreibung des Weltganzen mit folgenden Schwerpunkten:

– Die Atomlehre (Buch 1-2)
– Die Seele (Buch 3)
– Die Wahrnehmung (Buch 4)
– Welt- und Kulturentstehung (Buch 5)
– Naturerscheinungen am Himmel und auf der Erde (Buch 6)

Es ergeben sich zahlreiche Fragen: Welche Rolle spielen die Götter? Wie stellt Lukrez den Aufbau der Materie genau dar? Wie entwickelt sich der Kosmos? Was hat es mit der menschlichen Seele auf sich? Was ist die richtige Lebenseinstellung? Das Heft konfrontiert die Antworten des Lukrez mit Auszügen griechischer, römischer oder moderner Autoren und ermöglicht so den Vergleich alternativer Sichtweisen zu einem Thema.

Wir bedanken uns für die tatkräftige Unterstützung hinsichtlich naturwissenschaftlicher Fragen bei unseren Kolleginnen Bärbel Flegler und Sandra Kirch, St.-Franziskus-Gymnasium Kaiserslautern.

Erkenntnis statt Furcht

1 Epikur oder der Sieg über die Götter (I 62–79)

Lukrez beschreibt sich selbst als Schüler des Epikur. Auf die Leistung dieses Philosophen geht er im folgenden Text ein.

Humana ante oculos foede cum vita iaceret
in terris oppressa gravi sub religione,
   quae caput a caeli regionibus ostendebat
65   horribili super aspectu mortalibus instans,
primum Graius homo mortalis tollere contra

foedus: hässlich, scheußlich
super *hier:* von oben
Grāius: griechisch; Grāius homō: Epikur
contra: *hier:* dagegen
obsistere, stitī: sich entgegenstellen
fāma deum (= deōrum): Kunde von den Göttern
fulmen, minis *n.*: Blitz

est oculos ausus primusque obsistere contra;
quem neque fama deum nec fulmina nec minitanti
murmure compressit caelum, sed eo magis acrem
70   inritat animi virtutem, effringere *ut* arta
   naturae primus portarum claustra cupiret.

minitāre: drohen
murmur, is *n.*: Grollen
comprimere, pressī *hier:* niederdrücken
eō magis: umso mehr
inritāre: reizen
artus: eng
effringere: aufbrechen
claustrum: Riegel
cupīre = cupere
vīvidus: lebhaft
vīs animī: *nämlich des Epikur*

Ergo vivida vis animi pervicit et extra
processit longe flammantia moenia mundi
atque omne immensum peragravit mente animoque,
75   *unde* refert nobis victor, *quid* possit oriri,
   quid nequeat, finita *potestas* denique cuique
   quanam sit ratione atque alte terminus haerens.

flammantia moenia mundī: *gemeint: das Himmelsgewölbe*
peragrāre: durchwandern
immēnsus: unermesslich
refert: *nämlich die Erkenntnis*
nequīre, queo, īvī *od.* iī: nicht können
fīnīta … ratiōne: wie für jedes Ding die Kraft begrenzt ist
terminus: Grenzstein, Grenze
altē haerēre: (*hier:*) festsitzen, fest gezogen sein

Quare religio pedibus subiecta vicissim
obteritur, nos exaequat victoria caelo.

pedibus subiecta: unter den Füßen
vicissim: zur Strafe
obterere: zermalmen
exaequāre m. Dat.: gleichmachen

1 Erstellen Sie für jeden Satz des lateinischen Textes ein Satzbild (z.B. nach der Einrückmethode) und übersetzen Sie.

2 Informieren Sie sich über den griechischen Philosophen Epikur. Tauschen Sie sich mit Ihren Mitschülern/-innen über Ihre Ergebnisse aus.

3 (a) Führen Sie die Tabelle im Heft fort und erschließen Sie sich so den Inhalt des Textes:

Vers	Konnektor	Handlungsträger	Verbalaussagen
1	cum	humana vita	iaceret
2			oppressa
3	quae	caput	…

(b) Gliedern Sie den Text. Begründen Sie Ihre Entscheidungen und formulieren Sie zu jedem Gliederungsabschnitt eine Überschrift. Nutzen Sie hierbei die Arbeitsergebnisse aus Aufgabe 3 (a).

4 Wie wird das menschliche Leben vor Epikurs Auftreten charakterisiert, wie danach? Worin besteht laut Lukrez die Leistung Epikurs? Belegen Sie Ihre Aussagen am lateinischen Text.

Epikur (um 341–271/70 v. Chr.)
Statue heute im Louvre, © akg-images

Fiktive Büste des Lukrez (1886/1887)
von Alberto Guastalla Rom, Viale di Villa Medici

2 Abwehr der Volksreligion (I 80–101)

Ein beeindruckendes Beispiel von falsch verstandenem Götterglauben gibt der folgende Text.

80 Illud in his rebus vereor, ne forte rearis
impia te rationis inire elementa viamque
indugredi sceleris. Quod contra saepius illa
religio peperit scelerosa atque impia facta.
Aulide quo pacto Triviai virginis aram
85 Iphianassai turparunt sanguine foede
ductores Danaum delecti, prima virorum.
Cui simul infula virgineos circumdata comptus
ex utraque pari malarum parte profusa est,
et maestum simul ante aras adstare parentem
90 sensit et hunc propter ferrum celare ministros
aspectuque suo lacrimas effundere civis,
muta metu terram genibus summissa petebat.
Nec miserae prodesse in tali tempore quibat,
quod patrio princeps donarat nomine regem;
95 nam sublata virum manibus tremibundaque ad aras
deducta est, non ut sollemni more sacrorum
perfecto posset claro comitari Hymenaeo,
sed casta inceste nubendi tempore in ipso
hostia concideret mactatu maesta parentis,
100 exitus ut classi felix faustusque daretur.
Tantum religio potuit suadere malorum.

Die Opferung der Iphigenie. Fresko aus dem Haus der Poeten in Pompeji, Nationalmuseum Neapel (Ausschnitt)

⁸⁰ Freilich beschleicht mich die Furcht hierbei, als ob du vermeinest,
Gottlosen Pfad zu betreten bei diesem System und des Frevels
Weg zu beschreiten. Doch grade die übliche Religion ist's,
Die oft gottlose Taten erzeugt und Werke des Frevels.
Haben doch solchergestalt die erlesenen Danaerfürsten
⁸⁵ An Dianens Altar, der jungfräulichen Göttin, in Aulis
Iphianassas* Blut in grausamem Wahne geopfert.
Als ihr die heilige Binde die Jungfraulocken umsäumend
In gleichmäßigem Falle die Wangen beide bedeckte,
Als sie zugleich am Altar den trauernden Vater erblickte
⁹⁰ Und ihm nahe die Diener den Mordstahl unter dem Mantel
Bargen und jammerndem Volke der Anblick Tränen entlockte,
Da sank stumm sie vor Angst auf die Kniee hinab zu der Erde.
Nichts vermochte der Armen in dieser Stunde zu helfen,
Dass sie den König zuerst mit dem Namen des Vaters begrüßte.
⁹⁵ Denn von den Fäusten der Männer ergriffen, so wurde sie zitternd
Hin zum Altare geschleppt, nicht um nach dem festlichen Opfer
Dort in dem Hochzeitszug mit Jubel geleitet zu werden,
Nein, in der Brautzeit selbst ward sie, die Unschuldige, schuldvoll
Hingeschlachtet als Opferlamm von dem eigenen Vater,
¹⁰⁰ Auf dass endlich die Flotte gewinne den glücklichen Auslauf.
So viel Unheil vermochte die Religion zu erzeugen.

Übersetzung: Hermann Diels: Lukrez. Über die Natur der Dinge, 1924

* Iphianassa: *anderer Name der* Iphigenie

1 Informieren Sie sich über den Mythos von der Opferung der Iphigenie.

2 (a) Fassen Sie den Inhalt der Verse I 80–101 zusammen. Belegen Sie Ihre Aussagen stets durch lateinische Zitate mit Versangaben.
(b) Vergleichen Sie die Version, die Lukrez hier verwendet, mit Ihren Ergebnissen aus Aufgabe 1 und deuten Sie die Unterschiede.
(c) Zu welchem Zweck fügt Lukrez diese Geschichte in sein Werk ein?

Zur Diskussion

– Lobt Lukrez Epikur zu Recht?

– Diskutieren Sie auf Grundlage der Erkenntnisse aus den Texten 1 und 2 positive Seiten von Religion und negative Seiten falsch verstandener Religion.

3 Aufklärung (I 136–145)

Lukrez äußert sich im Folgenden über die Schwierigkeit der Aufgabe, die er sich gestellt hat.

Nec me animi fallit Graiorum obscura reperta
difficile illustrare Latinis versibus esse,
multa novis verbis praesertim cum sit agendum
propter egestatem linguae et rerum novitatem;

140 sed tua me virtus tamen et sperata voluptas
suavis amicitiae quemvis efferre laborem
suadet et inducit noctes vigilare serenas
quaerentem, dictis quibus et quo carmine demum
clara tuae possim praepandere lumina menti,
145 res quibus occultas penitus convisere possis.

mē animī fallit: ich täusche mich
(animī = in animō)
Grāius: Grieche
repertum: Entdeckung, Erkenntnis
illūstrāre: erläutern
multa: *Akk.-Obj. zu* agere: *hier:* behandeln
egestās, ātis *f.*: Armut, Mangel
novitās, ātis *f.*: Neuartigkeit
tua virtūs: *gemeint ist Memmius (vgl. Einleitung)*
suāvis, e: süß, angenehm
efferre: *hier:* ertragen
indūcere: *hier:* dazu bringen
vigilāre: (durch)wachen
serēnus: heiter
quaerentem: *Ordne bei:* „und zu fragen"
dictum: Wort
dēmum: endlich
praepandere *m. Dat.*: ausbreiten vor
lūmen, minis *n.*: Licht
quibus *(v. 145)*: finaler Relativsatz
penitus: bis ins Innerste, genau
convīsere: betrachten

Zur Konstruktion

Ordne die Verse136f. und 140–142 wie folgt:

136 Nec me animi fallit
    difficile esse
        obscura reperta Graiorum illustrare Latinis versibus, …

140 sed tua virtus tamen et sperata voluptas suavis amicitiae
    suadet
        me quemvis laborem efferre …

1 Erstellen Sie eine Gliederung des Textes mithilfe der Konnektoren. Geben Sie kurz den Inhalt jedes Abschnitts an.

2 Beschreiben Sie die Aufgabe, die Lukrez sich selbst gewählt hat, sowie die Probleme, die diese Aufgabe mit sich bringt.

3 (a) Sammeln Sie aus dem Lukrez-Text die Ausdrücke zum Wortfeld „Licht" und deuten Sie diese bildhafte Ausdrucksweise im Hinblick auf die Zielsetzung des Autors.
(b) Informieren Sie sich über die Ausdrücke, die es in verschiedenen modernen Fremdsprachen (z.B. Englisch, Französisch, Italienisch) für das Wort „Aufklärung" gibt. Welche Gemeinsamkeiten können Sie feststellen?

4 Der Philosoph Immanuel Kant definiert im folgenden Text aus dem Jahr 1784 den Begriff Aufklärung.
(a) Nennen Sie die Merkmale eines aufgeklärten Menschen nach der Darstellung Kants. Zitieren Sie ferner die Hindernisse, die einer aufgeklärten Geisteshaltung entgegenstehen.
(b) Vergleichen Sie Kants Text mit den Texten 1 und 2 des Lukrez. Nehmen Sie zu der Frage Stellung, ob man Lukrez als Aufklärer bezeichnen kann.

„Aufklärung ist der Ausgang des Menschen aus seiner selbstverschuldeten Unmündigkeit. Unmündigkeit ist das Unvermögen, sich seines Verstandes ohne Leitung eines anderen zu bedienen. Selbstverschuldet ist diese Unmündigkeit, wenn die Ursache derselben nicht am Mangel des Verstandes, sondern der Entschließung und des Mutes liegt, sich seiner ohne Leitung eines andern zu bedienen. *Sapere aude!* Habe Mut, dich deines eigenen Verstandes zu bedienen! Ist also der Wahlspruch der Aufklärung.

Faulheit und Feigheit sind die Ursachen, warum ein so großer Teil der Menschen, nachdem sie die Natur längst von fremder Leitung freigesprochen, dennoch gerne zeitlebens unmündig bleibt; und warum es anderen so leicht wird, sich zu deren Vormündern aufzuwerfen. Es ist so bequem, unmündig zu sein. Habe ich ein Buch, das für mich Verstand hat, einen Seelsorger, der für mich Gewissen hat, einen Arzt, der für mich die Diät beurteilt usw., so brauche ich mich ja nicht selbst zu bemühen. Ich habe nicht nötig zu denken, wenn ich nur bezahlen kann; andere werden das verdrießliche Geschäft schon für mich übernehmen. (...)"

Immanuel Kant: Beantwortung der Frage: Was ist Aufklärung? Berlinische Monatsschrift. Dezember-Heft 1784, 481–494

4 Von nichts kommt nichts, zu nichts wird nichts
(I 149–168; 215–216)

Lukrez verspricht seinem Leser auch verborgene Dinge, res occultas, zu erhellen:

Principium *cuius* hinc nobis exordia sumet
150   nullam rem e nihilo gigni divinitus umquam.
Quippe ita formido mortalīs continet omnīs,
    quod multa in terris fieri caeloque tuentur,
        quorum operum causas nulla ratione videre
        possunt ac fieri divino numine rentur.
155   Quas ob res *ubi* viderimus nil posse creari
    de nihilo, tum,
        quod sequimur,
iam rectius inde perspiciemus, et
unde queat res quaeque creari
    et *quo* quaeque *modo* fiant opera sine divom.
    Nam *si* de nihilo fierent, ex omnibus rebus
160   omne genus nasci posset, nil semine egeret.
    E mare primum homines, e terra posset oriri
    squamigerum genus et volucres erumpere caelo.
    …

167   Quippe *ubi* non essent genitalia corpora cuique,
    qui posset mater rebus consistere certa?
    …

215 Huc accedit,
    uti quicque in sua corpora rursum
    dissolvat natura neque ad nihilum interemat res.

cuius: *d.h. die Belehrung über verborgene Dinge*
hinc: von folgendem Satz
exōrdia sūmere: ausgehen von
dīvīnitus: durch göttliche Fügung
quippe = nam
formīdō, inis *f.:* Grauen
Ordne: quod multa opera ... tuentur, quōrum causās
creāre: (er)schaffen
quod sequimur: wonach wir suchen
quīre, eō = posse
Verbinde: quō modō
operā sine dīvom: ohne Zutun der Götter
genus: *hier:* Gattung
sēmen, minis *n.:* Same
squāmiger, a, um: schuppig
squāmigerum genus: die Fische
volucer, cris, e: geflügelt; *Subst.:* Vogel

quippe ubi: da ja
genitālia corpora: Zeugungsstoffe, Grundstoffe
quī: wie
māter certa: sichere Herkunft
hūc accēdit, utī: hinzu kommt, dass
quicque: jedes Ding, alles
rūrsum: wieder
ad nihilum interimere: zu nichts werden lassen

1   Klären Sie die Funktion des Konjunktivs in den Versen 159–168.

2   Wie die Überschriften bereits andeuten, kommt dem „Nichts" in den beiden lateinischen Texten große Bedeutung zu.
(a) Belegen Sie dies am Text und arbeiten Sie heraus, welche Bedeutung diese fundamentalen Grundsätze der Lukrez´schen Lehre für alle existierenden Dinge und alle Vorgänge in der Natur haben.
(b) Erläutern Sie die Bedeutung dieser Erkenntnis für den Menschen und sein Denken.

3   Wie argumentiert Lukrez, um seine Grundbehauptungen zu untermauern? Schildern Sie hierzu den Gang der Argumentation in beiden Texten. Belegen Sie Ihre Aussagen mit lateinischen Zitaten.

4   Eng verknüpft mit dem Grundsatz der Beständigkeit der Dinge ist die Frage nach deren Ursprung. Damit beschäftigt sich aus physikalischer Sicht der nachstehende Text. Welche Übereinstimmungen mit Lukrez können Sie feststellen? Vergleichen Sie ihn mit den Ausführungen des Lukrez.

„Dass das Universum seine Entstehung einem ‚Big Bang', einer etwa 10 bis 20 Milliarden Jahre zurückliegenden Explosion, verdankt, wird heute von keinem Kosmologen mehr angezweifelt. Was die im Universum vorhandene Materie anbelangt, so nimmt man an, dass sie von Beginn an gegeben war. Sicher, der Zustand der Materie muss ein völlig anderer gewesen sein, sehr wahrscheinlich eine Form von Energie, aber sie war in ihrer Gesamtheit bereits vorhanden. Diese Vorstellung ist Grundlage der klassischen ‚Urknalltheorie'."
Harald Lesch / Jörn Müller: Kosmologie für Fußgänger. München 2006, 151

Antike und moderne Naturwissenschaft

5 Kann es etwas geben, das es nicht gibt? (I 329–345)

Nachdem Lukrez dargelegt hat, dass die Atome, aus denen die Materie besteht, für das menschliche Auge unsichtbar sind, wendet er sich dem Verhalten der Elementarteilchen zu.

Nec tamen undique corporea stipata tenentur
330 omnia natura; namque est in rebus inane.

Nec tamen … nātūrā: „Aber nicht wird alles überall durch die körperliche Substanz dicht gedrängt gehalten."
namque = nam

Quod tibi cognosse in multis erit utile rebus
nec sinet errantem dubitare et quaerere semper
de summa rerum et nostris diffidere dictis.

quod cognōsse: diese Erkenntnis
Zu sinet *ergänze* tē
summa rērum: das Weltall, Universum
diffīdere, diffīsus sum: misstrauen
quāpropter: daher, also
intāctus: unberührt
vacāre: leer/frei sein

Quod si non esset, nulla ratione moveri
335 res possent; namque officium quod corporis exstat,
officere atque obstare, id in omni tempore adesset
omnibus; haud igitur quicquam procedere posset,
principium quoniam cedendi nulla daret res.

quod sī: wenn aber
officium quod corporis exstat: die Aufgabe, die ein Körper hat
officere: gegen etwas wirken
obstāre: Widerstand leisten
adesset omnibus: wäre in allen Dingen vorhanden
dare: hier: zulassen

At nunc per maria ac terras sublimaque caeli
340 multa modis multis varia ratione moveri
cernimus ante oculos, quae, si non esset inane,

sublīma caelī: die Höhen des Himmels
multa n. Pl.: Subjekt des A.c.i.
nōn tam … quam: nicht nur nicht … sondern
sollicitus: unruhig
genita fuissent = genita essent

non tam sollicito motu privata carerent
quam genita omnino nulla ratione fuissent,
undique materies quoniam stipata quiesset.

prīvāta carēre: beraubt und frei sein von
māteriēs = māteria
stīpāta quiēscere: dicht gedrängt in Ruhe verharren; quiēsset = quiēvisset

1   Gliedern Sie den Text. Begründen Sie Ihre Entscheidungen und formulieren Sie für jeden Abschnitt eine Überschrift.

2   (a) Beschreiben Sie den Zusammenhang zwischen den Dingen („res") und dem Leeren („inane")? Notieren Sie hierzu alle Aussagen aus dem lateinischen Text.
    (b) Zeichnen Sie die Argumentationskette des Lukrez nach.
    (c) Nehmen Sie Stellung zu Lukrez' Argumentation.

Arbeitsteilige Gruppenarbeit

A   Nach dem griechischen Philosophen Aristoteles (384–322 v. Chr.) gibt es keine Leere. Diese Vorstellung herrschte bis in die Neuzeit vor. Erst der Naturforscher Otto von Guericke (1602–1686) wies in einem berühmten Experiment die Existenz des Vakuums nach.

Informieren Sie sich über dieses Experiment. Vergleichen Sie Ihre Ergebnisse mit denen Ihrer Mitschüler/-innen, die ebenfalls dieses Teilthema bearbeitet haben. Präsentieren Sie Ihre Arbeitsergebnisse.

Otto von Guerickes Magdeburger Halbkugelexperiment, Caspar Schott, nach 1645 (Ausschnitt), © akg-images

B   Überraschenderweise geht die moderne Physik davon aus, dass das Vakuum doch nicht völlig leer ist. Recherchieren Sie die Themen „Vakuumenergie" bzw. „Casimireffekt". Vergleichen Sie Ihre Ergebnisse mit denen Ihrer Mitschüler/-innen, die ebenfalls dieses Teilthema bearbeitet haben.
Präsentieren Sie die Arbeitsergebnisse.

Zur Diskussion

Inwiefern sind die Vorstellungen des Lukrez vom leeren Raum im Hinblick auf die Erkenntnisse der modernen Physik aufrechtzuerhalten?

6 Auch ein Atom hat es schwer! (II 83–88)

Lukrez betont, dass sich die Atome in ständiger Bewegung befinden.

Nam quoniam per inane vagantur, cuncta necesse est
aut gravitate sua ferri primordia rerum
85 aut ictu forte alterius. Nam cum cita saepe
obvia conflixere, fit, ut diversa repente
dissiliant; neque enim mirum, durissima quae sint
ponderibus solidis neque quicquam a tergibus obstet.

vāgīrī: umherschweifen
ferrī: eilen, stürzen
citus: schnell, rasch
obvia cōnflīgere: zusammenstoßen;
cōnflīxēre = cōnflīxērunt
dīversus: *hier:* in verschiedene Richtungen
dissilīre: abprallen
mīrum: *ergänze* est
quae: *kausaler Relativsatz*
pondus: *hier:* Masse
neque … obstet: und sie nichts von
hinten bremst

7 Abweichung mit großen Folgen (II 216–224)

Illud in his quoque te rebus cognoscere avemus,
corpora cum deorsum rectum per inane feruntur
ponderibus propriis, incerto tempore ferme
incertisque locis spatio depellere paulum,
220 tantum quod momen mutatum dicere possis.
Quod nisi declinare solerent, omnia deorsum
imbris uti guttae caderent per inane profundum
nec foret offensus natus nec plaga creata
principiis; ita nihil umquam natura creasset.

avēre: wünschen
deorsum: abwärts
rēctum: abwärts
fermē: hier: in der Regel
spatiō dēpellere: von der Richtung
abweichen
tantum quod: nur so viel, dass
mōmen mūtātum: eine Änderung
der Bewegungsrichtung
quod nisi: wenn aber nicht *(Irrealis
der Gegenwart!)*
dēclīnāre: von der geraden Bahn
abweichen
imber, bris *m.:* Regen
gutta: Tropfen
foret = esset; *verbinde* foret *mit*
nātus *und* creāta
offēnsus, ūs *m.:* Zusammenstoß
creāsset = creāvisset

Satzbild vv. 216ff.

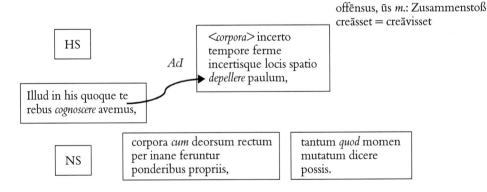

1 Erstellen Sie eine Satzanalyse zum ganzen Abschnitt z.B. mittels der Einrückmethode. Umkreisen Sie hierzu zunächst alle gliedernden Konnektoren und Prädikate.

2 (a) Unterstreichen Sie die Textpassagen, die ‚Bewegung' beschreiben.
(b) Wie kommt laut Lukrez die Bewegung der Atome zustande? Belegen Sie Ihre Aussagen mit lateinischen Zitaten.

3 Massen können durch die Schwerkraft anderer Massen beeinflusst werden. Zur Schwerkraft heißt es in einem populärwissenschaftlichen Physikbuch:

„1666 erkannte Newton*, als er einen Apfel fallen sah, dass unsere Schwerkraft nur ein Teil eines größeren Gesamtkonzepts der Gravitation ist. Es zieht nämlich nicht nur die Erde den Apfel an, sondern auch der Apfel die Erde. Allgemein übt jeder beliebige Körper auf einen anderen Körper eine anziehende Kraft aus, sofern beide Körper massebehaftet sind. Die anziehende Kraft wächst mit den beteiligten Massen und schwindet mit größerer Entfernung."

Harald Lesch und das Quot-Team: Physik für die Westentasche, © 2003 Piper Verlag GmbH, München, 68

* Isaac Newton (1643–1727): engl. Naturforscher, einer der bedeutendsten Wissenschaftler aller Zeiten.

(a) Erläutern Sie, was sich in der modernen Physik hinter dem Begriff ‚Gravitation' verbirgt.
(b) Ziehen Sie einen Vergleich zwischen Lukrez´ Vorstellungen von der ‚Schwere' *(gravitas)* und den Erkenntnissen der modernen Physik über die Gravitation.

These: Die Abweichung der Fallrichtung wird benötigt, damit Atome sich verbinden, d.h. Dinge entstehen können.

1 Belegen Sie diese These am Text 7 (lateinische Zitate!).

Für Physik-Freaks oder besonders Neugierige

Informieren Sie sich, wie die moderne Physik die Gravitation erklärt.

PS: Falls Sie das Gravitationsproblem lösen, sind Sie reif für den Nobelpreis.

8 Bei Licht besehen (II 125–141)

Lukrez legt dar, dass im unendlichen Raum eine ständige Bewegung der Atome stattfindet und belegt dies durch eine alltägliche Beobachtung: Ein dunkler Raum und durch eine Öffnung fallen Lichtstrahlen ein. Plötzlich wird ein Gewimmel von Staubteilchen sichtbar.

125 Hoc etiam magis haec animum te advertere par est
corpora, *quae* in solis radiis turbare *videntur,*
quod tales turbae motus quoque materiai
significant clandestinos caecosque subesse.

Multa videbis enim plagis ibi percita caecis
130 commutare viam retroque repulsa reverti
nunc huc nunc illuc in cunctas undique partîs.
Scilicet hic a principiis est omnibus error.

Prima moventur enim per se primordia rerum,
inde ea, *quae* parvo *sunt corpora* conciliatu
135 et quasi *proxima sunt* ad virîs principiorum,
ictibus illorum caecis impulsa cientur,
ipsaque proporro paulo maiora lacessunt.
Sic a principiis ascendit motus et exit
paulatim nostros ad sensus, *ut moveantur*
140 illa quoque, in solis *quae* lumine cernere *quimus*
nec, *quibus* id *faciant* plagis, apparet aperte.

hōc: dadurch, daher
pār: *hier:* in Ordnung, recht
animum advertere alqd: die Aufmerksamkeit auf etwas richten
radius: Strahl
clandestīnus: verborgen
caecus: blind, unsichtbar
subesse: dahinter stecken

plāga: Schlag, Stoß
percitus: angeregt
retrō: zurück
repellere, pulī, pulsum: zurückstoßen
prīncipium: Anfang, Grundstoff
error: *hier:* unstete Bewegung
omnibus: *Dativ*

conciliātus, *Abl.* ū: Verbindung
ictus, ūs *m.:* Stoß
impellere, pulī, pulsum: anstoßen
ciēre: bewegen
prōporrō: ferner
lacessere, sīvī, sītum: reizen

Gruppenarbeit

Sind die Lukrez'schen Beobachtungen auch in Ihrem Klassenzimmer zu sehen? Machen Sie mittels eines geeigneten Versuchs umherschwirrende Staubteilchen sichtbar. Beschreiben Sie Versuchsaufbau, Durchführung und Beobachtung.

1 Den Sachfeldern „Bewegung" und „Sinneswahrnehmung" kommt in diesem Text große Bedeutung zu. Belegen Sie dies am Text und ordnen Sie Ihre Beobachtungen mit den entsprechenden lateinischen Zitaten in die unten stehende Tabelle ein.

Textabschnitt/ Verse	Gliedernder Konnektor	Sachfeld Bewegung	Sachfeld Sinneswahrnehmung	Überschrift / inhaltliche Zusammenstellung
vv. 125–128	hoc			
vv. 129–132				
vv. 133–137				
vv. 138–141				

2 Zeichnen Sie in einem zusammenhängenden Text den Argumentationsgang des Lukrez unter Verwendung der Arbeitsergebnisse aus Aufgabe 1 nach. Arbeiten Sie heraus, wie Lukrez die Bewegung der Staubteilchen im Sonnenlicht erklärt.

3 Informieren Sie sich über die sogenannte Brown'sche Molekularbewegung und versuchen Sie einen Bezug zum Lukrez-Text herzustellen.

Die Skizze (angefertigt von Bärbel Flegler und Sandra Kirch) veranschaulicht die Bewegung kleiner Pflanzenpartikel in einem Wassertropfen:

Pflanzenpartikel

Wassermolekül ●

Pflanzenpartikel ●

9 Atome: auch eine Frage des Geschmacks (II 398–407)

Huc accedit, uti mellis lactisque liquores
iucundo sensu linguae tractentur in ore;

utī = ut
mel, mellis *n.*: Honig
lac, lactis *n.*: Milch
liquor, ris *m.*: Flüssigkeit
tractāre: berühren

400 at contra taetra absinthi natura ferique
centauri foedo pertorquent ora sapore,

taeter, taetra, taetrum: widerlich
absinthium: Wermut
centaurium: Tausendgüldenkraut
pertorquēre: verziehen
sapor, is *m.*: Geschmack
agnōscere, agnōvī, agnitum: erkennen

ut facile agnoscas: e levibus atque rotundis
esse ea, quae sensus iucunde tangere possunt.
At contra quae amara atque aspera cumque videntur,
405 haec magis hamatis inter se nexa teneri
proptereaque solere vias rescindere nostris
sensibus introituque suo perrumpere corpus.

lēvis, e: glatt
rotundus: rund
quae: *verbinde mit* cumque
amārus: bitter
hāmātus: hakenförmig, *ergänze* prīmōrdiīs
nectere, nexuī, nexum: verknüpfen
tenēre: *hier:* zusammenhalten
rescindere: aufritzen
introitus, ūs *m.*: Eintritt
perrumpere, rūpī, ruptum: durchbrechen; *(hier:)* verletzen

Hinweis zur Konstruktion der Verse 402–407

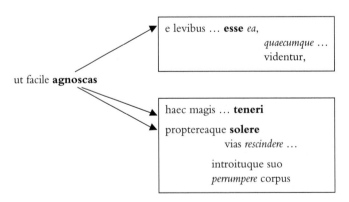

Der Textabschnitt ist streng antithetisch aufgebaut. Erläutern Sie.
Tipp: Gehen Sie zunächst von den Konnektoren aus und untersuchen Sie dann die einzelnen Textabschnitte nach wiederkehrenden Wort- und Sachfeldern.

Erklären Sie den Zusammenhang zwischen angenehmen und unangenehmen Geschmacksempfindungen und der Gestalt der Atome. Belegen Sie Ihre Aussagen mit lateinischen Zitaten.

Gruppenarbeit

Erstellen Sie einen Geschmackstest für Ihre Mitschüler:
Fordern Sie sie auf, mit verbundenen Augen
mindestens fünf Substanzen an ihrem
Geschmack zu erkennen.
Dieser Test findet natürlich auf *Vertrauensbasis*
statt, also treiben Sie es nicht zu arg!

© Anna Kucherova - www.fotolia.com

Biologen vor!

(a) Wie kommen die unterschiedlichen Geschmacksempfindungen tatsächlich zustande und wie funktioniert diese Art der Wahrnehmung nach heutigem Wissen? Informieren Sie sich und stellen Sie die Ergebnisse im Kurs vor.
(b) Vergleichen Sie die Erkenntnisse aus der Biologie in heutiger Zeit mit den Erklärungen und Begründungen des Lukrez.

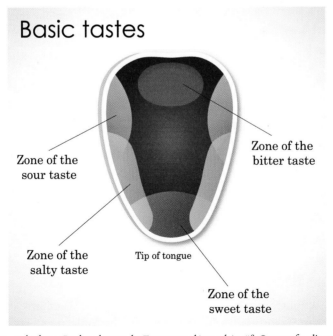

Die verschiedenen Geschmackzonen der Zunge: sauer, bitter, salzig, süß, © www.fotolia.com

10 Unendliche Weiten? (I 998–1007)

Lukrez stellt Überlegungen zur Ausdehnung des Weltraumes an. Er geht dabei wieder von Erfahrungstatsachen aus.

Postremo ante oculos res rem finire videtur;
aer dissaepit collis atque aera montes,
1000 terra mare et contra mare terras terminat omnis;

dissaepīre: trennen
āēr, āeris *m.* (*Akk.* āera): Luft
collīs = collēs
termināre: begrenzen
omnīs = omnēs
omne: das All; *ordne:* nihil est, quod fīniat omne
extrā: *hier:* von außen

omne quidem vero nihil est quod finiat extra.
Es igitur natura loci spatiumque profundi,
quod neque clara suo percurrere fulmina cursu
perpetuo possint aevi labentia tractu

nātūra locī: Beschaffenheit des Raumes
spatium profundī: Ausdehnung der Tiefen (des Raumes)
percurrere, currī, cursum: durcheilen
aevum: Zeit, Zeitalter;
aevī tractū: im Verlauf der Zeit
lābī, lāpsus sum: gleiten, fallen
nec prōrsum: und überhaupt nicht

1005 nec prorsum facere, ut restet minus ire, meando;
usque adeo passim patet ingens copia rebus
finibus exemptis in cunctas undique partis.

restāre, stitī: übrig bleiben
meāre: sich bewegen
ūsque adeō: so sehr
passim: ringsumher
cōpia *hier:* Weite
rēbus: *Dativ*
fīnibus exēmptīs: ohne Grenzen

1 Lukrez macht die einzelnen Schritte seiner Argumentation durch gliedernde Konnektoren deutlich. Erläutern Sie.

2 Welche These stellt Lukrez zur Ausdehnung des Universums auf? Wie begründet er diese? Belegen Sie Ihre Aussagen mit lateinischen Zitaten.

3 Wie unterstreicht der Dichter stilistisch seine Ausführungen?

Spezialaufgabe für Physik-Fans

Auch der Physiknobelpreis 2011 beschäftigt sich mit der Thematik. Recherchieren Sie und berichten Sie Ihren Mitschülerinnen und Mitschülern.

Planet HD 40307 g – Astronomen bestaunen Super-Erde

HD 40307 g (l.) und Geschwister (künstlerische Darstellung): Hoffen auf zweite Erde, Dapd/RoPACS/ J. Pinfield

Göttingen – Im Sternbild Pictor, etwa 42 Lichtjahre von der Erde entfernt, liegt der Stern HD 40307. Er ist etwa ein Fünftel leichter als unsere Sonne, an der Oberfläche außerdem etwas kühler – und wird von sechs Planeten umkreist. Einer von ihnen fasziniert Astronomen nun besonders: HD 40307 g hat genau den richtigen Abstand zu seinem Zentralgestirn, dass auf seiner Oberfläche milde Temperaturen herrschen könnten – und damit lebensfreundliche Bedingungen mit flüssigem Wasser und einer stabilen Atmosphäre.

„Es gibt keinen Grund, weshalb der Planet kein erdähnliches Klima entwickeln kann", sagt Guillem Anglada-Escudé von der Universität Göttingen. Zusammen mit Kollegen, darunter Mikko Tuomi von der Universität im britischen Hertfordshire, berichtet er in einer kommenden Ausgabe des Fachblatts *Astronomy and Astrophysics* von der Entdeckung: Drei Gesteinsplaneten des Systems hatten Astronomen bereits im Jahr 2008 gefunden, drei weitere konnte das Wissenschaftlerteam jetzt identifizieren. Und unter diesen Neufunden ist HD 40307 g.

Mit einer Masse, die etwa siebenmal so groß ist wie die der Erde, gehört der Planet zu den sogenannten Super-Erden. Solche Gesteinsplaneten sind definitionsgemäß zwar schwerer als die Erde, aber leichter als Uranus, der kleinste Vertreter der per se sehr viel größeren Gasplaneten.

HD 40307 g benötigt für einen Umlauf um seinen Stern etwa 200 Tage und befindet sich in einem Abstand zu ihm, der knapp zwei Drittel der Distanz zwischen Erde und Sonne beträgt. Damit liegt er mitten in der sogenannten habitablen Zone seines Sterns, also in einer Entfernung, in der er genau so viel Energie von seiner Sonne abbekommt, dass auf ihm günstige Bedingungen für Leben herrschen könnten.

Außerdem sei es sehr wahrscheinlich, dass der Planet um seine eigene Achse rotiere, erläutern die Forscher. Dadurch entstehe eine Art Tag-Nacht-Effekt, was die Ähnlichkeit zur Erde verstärke. (…) Wie diese Planeten aber konkret aussehen, aus welchem Gestein sie bestehen, ob und wenn ja wie viel Wasser sie enthalten und wie ihre Atmosphäre zusammengesetzt ist, könne man aus den Daten allerdings nicht schlussfolgern, kommentieren die Wissenschaftler. (…)

http://www.spiegel.de/wissenschaft/weltall/exoplanet-hd-40307-g-super-erde-koennte-lebensfreundlich-sein-a-866023.html vom 08.11.2012 <Zugriff: 07.12.2012>)

4 (a) Nach welchen Kriterien beurteilen die Wissenschaftler den neu entdeckten Planeten auf ‚Lebensfreundlichkeit'?

(b) Vergleichen Sie die Methoden, mit denen einerseits Lukrez und andererseits die modernen Wissenschaftler sich dem Phänomen „Andere Welten" nähern.

11 Gibt es nur eine Welt? (II 1048–1066)

Principio nobis in cunctas undique partis
et latere ex utroque supra subterque per omne
1050 nulla est finis; uti docui, res ipsaque per se
vociferatur, et elucet natura profundi.
Nullo iam pacto verisimile esse putandum est,
undique cum vorsum spatium vacet infinitum
seminaque innumero numero summaque profunda
1055 multimodis volitent aeterno percita motu,
hunc unum terrarum orbem caelumque creatum,
nil agere illa foris tot corpora materiai;
cum praesertim hic sit natura factus et ipsa
sponte sua forte offensando semina rerum
1060 multimodis temere incassum frustraque coacta
tandem coluerunt ea, quae coniecta repente
magnarum rerum fierent exordia semper:
terrai, maris et caeli generisque animantum.
Quare etiam atque etiam talis fateare necesse est
1065 esse alios alibi congressus materiai,
qualis hic est, avido complexu quem tenet aether.

Der tiefe Raum. Die hellen Punkte sind keine Sterne, sondern Galaxien. Yuriy Mazur © fotolia.com

Erstlich gibt es für uns nach allen beliebigen Seiten
weder nach rechts noch nach links noch oben hin noch nach unten
050 irgendein Ende. So hab´ ich´s gelehrt, wie die Sache auch selber
für sich spricht; so wird die Natur des Unendlichen deutlich.
Also muss wohl auch dies ganz unwahrscheinlich erscheinen,
dass, da leer sich der Raum in das Unermessliche dehnet,
und unzählige Keime in endlose Tiefe des Weltraums
055 mannigfach schwirren umher, von der ew´gen Bewegung ergriffen,
dieser einzige Himmel entstünd´ und ein einziger Erdkreis,
während so viele Atome des Urstoffs außerhalb feiern!
Überdies ist die Schöpfung der Welt ein natürlicher Vorgang,
da sich die Keime der Welt von selbst und durch Zufall begegnen.
060 Vielfach treiben sie völlig vergeblich und fruchtlos zusammen,
bis sich dann endlich die plötzlich geeinigten Teilchen verschmolzen
und dann jedesmal wurden zum Anfang großer Gebilde,
wie von der Erde, vom Meere, vom Himmel und lebenden Wesen.
So musst immer aufs Neue du dies mir bestätigen, dass sich
065 Anderswo andere Verbindungen des Urstoffs bildet wie unsre
Welt, die der Äther so fest mit brünstigen Armen umklammert.

Übersetzung: Hermann Diels: Lukrez. Über die Natur der Dinge, 1924

1 (a) Fassen Sie den Inhalt der Verse II 1048–1066 zusammen. Belegen Sie Ihre Aussagen
stets durch lateinische Zitate mit Versangaben.
(b) Zitieren Sie die Antwort des Lukrez auf die in der Überschrift formulierte Frage
„Gibt es nur eine Welt?" Erläutern Sie die angeführten Gründe.
(c) Bilden Sie sich ein Urteil über die Argumentation des Lukrez. Scheint Ihnen seine
Argumentation schlüssig?

12 Ein ganz feiner Stoff (III 177–190)

Lukrez stellt sich die menschliche Seele so vor: Sie gliedere sie sich in einen intellektuellen, steuern-
den Teil, den animus in der Brust, und einen diesem untergeordneten Teil, die anima, die im gan-
zen Körper verteilt ist. Beide seien eng verbunden und hätten ähnliche Struktur.

Is tibi nunc animus quali sit corpore et unde
constiterit, pergam rationem reddere dictis.
Principio esse aio persubtilem atque minutis
180 perquam corporibus factum constare. Id ita esse
hinc licet advertas animum, ut pernoscere possis:

unde: *hier:* woraus
ratiōnem reddere: erklären
persubtīlis, e: sehr fein;
erg.: animum … persubtīlem;
factum cōnstāre = *(hier:)* factum
esse
minūtus: klein
perquam: sehr, überaus
cōnstāre = esse
hinc licet advertās animum: kannst
du an Folgendem bemerken
pernōscere: genau kennenlernen

Ein Engel holt die entweichende Seele eines Sterbenden
Holzschnitt des 15. Jahrhunderts, © akg-images

Nil adeo fieri celeri ratione videtur,
quam sibi mens fieri proponit et incohat ipsa;
ocius ergo animus quam res se perciet ulla,
185 ante oculos quorum in promptu natura videtur.

mēns = animus
sibi prōpōnere + AcI (<aliquid>
fierī); *(hier:)* sich vorstellen, dass …
incohāre: beginnen
ōcius: schneller
perciēre: bewegen
quōrum *bezieht sich auf* rēs *ante*
oculōs … vidētur: deren Wesen
deutlich vor Augen zu liegen
scheint

At quod mobile tanto opere est, constare rotundis
perquam seminibus debet perquamque minutis,
momine uti parvo possint impulsa moveri.
Namque movetur aqua et tantillo momine flutat,
190 quippe volubilibus parvisque creata figuris.

mōbilis, e: beweglich
tantō opere: so (sehr)
rotundus: rund
mōmen, inis *n.:* Bewegung
namque: *verstärktes* nam
tantillus: so klein
flūtāre: fließen
quippe … creāta <est>: da es ja
geschaffen ist
volūbilis, e: schnell rollend
figūra: *hier:* Atom

Ordne vv. 177 f.:

Nunc pergam tibi rationem reddere dictis,
quali corpore is animus sit et unde constiterit

1 Skizzieren Sie den Gang der Argumentation, der dem Textabschnitt zugrunde liegt. Suchen Sie hierzu die entscheidenden Konnektoren heraus, benennen Sie für jeden (Teil-)Abschnitt den Argumentationsschritt und formulieren Sie für diesen eine prägnante Überschrift.

2 Mithilfe bestimmter Wortfelder beschreibt Lukrez das Wesen der Seele. Erläutern Sie dies und zeichnen Sie das Bild nach, das Lukrez entwirft.

3 Auch die modernen Naturwissenschaften äußern sich zu seelischen und geistigen Phänomenen. So auch in den beiden folgenden Texten.
(a) Erarbeiten Sie aus Text 1 die biologische Grundlage für seelische und geistige Phänomene.
(b) Erläutern Sie Hoimar von Ditfurths Erklärung für die Psyche des Menschen (Text 2).
(c) Vergleichen Sie die modernen Erklärungen mit denen des Lukrez.

Text 1: In einem Biologiebuch für die Oberstufe findet sich folgender Eintrag:
„Funktionen der Großhirnrinde sind nicht nur Voraussetzungen für problemlösendes und für planendes, in die Zukunft gerichtetes Denken, sondern auch für die Fähigkeit, sich in andere Menschen, ihre Gefühle, Stimmungen und Absichten hineinzuversetzen."
Rainer Hausfeld / Wolfgang Schulenberg (Hrsg.): Bioskop. Sekundarstufe II, Braunschweig 2010, 334

Text 2: Der Mediziner und Wissenschaftsjournalist Hoimar von Ditfurth geht der Frage nach der Entstehung der menschlichen Psyche nach:
„Die Dimension des Psychischen bildet die oberste Stufe, die die Evolution – jedenfalls auf der Erde – bisher erreicht hat. ... Wenn man den psychischen Bereich im wahrsten Sinne des Wortes „von unten angeht", wenn man also den gleichen Weg abschreitet, auf dem sich in den letzten Jahrmilliarden auf der Erde aus biologischen Möglichkeiten und Bedürfnissen Schritt für Schritt psychische Funktionen entwickelt haben, dann wird mit einem Male die historisch gewachsene Natur unseres eigenen Bewusstseins erkennbar. Wie alles andere, was es auf dieser Welt gibt, so ist auch dieses Bewusstsein in allen seinen Besonderheiten das Produkt einer realen Geschichte, die Summe der Abfolge ganz bestimmter und konkreter Ereignisse, die es hervorgebracht haben. Unser Denken und Erleben, unsere Ängste und Erwartungen sind von den Spuren dieser Geschichte bis auf den heutigen Tag geprägt."
Hoimar v. Ditfurth: Der Geist fiel nicht vom Himmel. Die Evolution unseres Bewußtseins, München 1997, 15f.

13 Kann der eine ohne die andere? (III 323–349)

Lukrez geht der Frage nach, wie eng die Verbindung von Leib und Seele ist.

Haec igitur natura tenetur corpore ab omni
ipsaque corporis est custos et causa salutis;
325 nam communibus inter se radicibus haerent
nec sine pernicie divelli posse videntur.

Quod genus e thuris glaebis evellere odorem
haud facile est, quin intereat natura quoque eius,
sic animi atque animae naturam corpore toto
330 extrahere haud facile est, quin omnia dissoluantur.
Implexis ita principiis ab origine prima
inter se fiunt consorti praedita vita
nec sibi quaeque sine alterius vi posse videtur
corporis atque animi seorsum sentire potestas,
335 sed communibus inter eas conflatur utrimque
motibus accensus nobis per viscera sensus.
Praeterea corpus per se nec gignitur umquam
338 nec crescit neque post mortem durare videtur.
341 (...)   non (...) animai
discidium possunt artus perferre relicti,
sed penitus pereunt convulsi conque putrescunt.

Ordne vv. 333–336

nec sibi quaeque potestas corporis atque animi videtur
sine alterius vi seorsum sentire posse
sed utrimque communibus inter eas <potestates> motibus
nobis per viscera accensus sensus conflatur.

nātūra: *erg.* animī et animae
*(vgl. Einführungstext zu III
177–190 (Text 12))*
tenēre: *hier:* zusammenhalten
rādīx, īcis *f.:* Wurzel
haerent: *nämlich* Körper und
Seele
dīvellere: auseinanderreißen,
trennen
quod genus: genauso wie
thūs, ūris *n.:* Weihrauch
glaeba: Stück
quīn: ohne dass
odor, ōris *m.:* Duft, Geruch
dissoluere = dissolvere
implexus: verflochten
ab orīgine prīma: gleich von
der Entstehung an
fiunt praedita: *ergänze als
Subjekt* ea (corpus, animus,
anima)
cōnsors, sortis: von gleichem
Schicksal
praeditus *m. Abl.:* ausgestattet
mit
sibi quaeque … potestās:
jedes Vermögen für sich
seorsum: getrennt
cōnflāre: entfachen, entzün-
den
vīscera, rum *n. Pl.:* Eingewei-
de, Leib, *hier:* Körper
dūrāre: dauern
discidium: Trennung
artūs, uum *m.:* Körper(teile)
penitus: völlig
convellere, convulsus: zerrei-
ßen, trennen
conputrēscere *(Tmesis):* zusammen zugrunde gehen

1 (a) Zitieren Sie Lukrez' Aussage über die Seele (*animus/anima*) sowie über den Körper (*corpus*). Erläutern Sie deren Zusammenhang. Belegen Sie Ihre Aussagen mit den entsprechenden lateinischen Zitaten.

(b) In dieser Textpassage unterstreicht Lukrez in besonderem Maße seine Aussagen mit stilistischen Mitteln. Erläutern Sie dies, indem Sie die einzelnen Mittel anführen und ihre Wirkung erklären.

2 Auch andere Autoren der Antike beschäftigen sich mit der Körper-Seele-Problematik und dem Zusammenhang beider Teile. So auch Lucius Annaeus Seneca (4–65 n. Chr.) im unten stehenden Text:

(a) Informieren Sie sich über den Autor und das Werk, aus dem der lateinische Text entnommen ist.

(b) Arbeiten Sie die Kernaussagen Senecas zu dieser Thematik heraus. Belegen Sie Ihre Aussagen mit lateinischen Zitaten.

(c) Vergleichen Sie die Aussagen Senecas mit denen des Lukrez. Bilden Sie sich ein begründetes Urteil.

3 Zu welcher Ansicht tendieren Sie?

Nein, ich bin größer und zu Größerem geboren, als dass ich ein Sklave meines Körpers sein könnte, den ich nicht anders betrachte, denn als eine meiner Freiheit angelegte Fessel. Ihn gebe ich dem Schicksal preis, damit es auf ihn sich beschränke, und durch ihn hindurch lasse ich keine Wunde bis zu mir selbst dringen. Was an mir Schaden leiden kann, ist nur dies; in diesem zerstörbaren Haus wohnt die Seele frei.

Nie soll mich dieses Fleisch zur Flucht, nie zu einer des edlen Mannes unwürdigen Verstellung verleiten. Nie werde ich, diesem elenden Leib zu gefallen, lügen. Ich werde, wenn ich es für gut halte, die Gemeinschaft mit ihm auflösen; und auch jetzt sind wir, solange wir zusammenhängen, keine Partner zu gleichen Rechten; der Geist zieht auf sich alles Recht. Die Verachtung des Leibes sichert seine Freiheit.

L. Annaeus Seneca. Ad Lucius epistulae morales, I–LXIX. An Lucilius. Briefe über Ethik 1–69; hier 65, 21f. Übersetzung nach A. Pauly, 1828

14 Keine Angst! Der Tod ist wirklich tödlich
(III 830–832; 838–851)

Im vorangegangenen Text wurde erläutert, dass der Körper ohne die Seele nicht weiter existieren kann. Wie steht es aber mit der Seele selbst?

830 Nil igitur mors est ad nos neque pertinet hilum,
quandoquidem natura animi mortalis habetur.
Et velut ante acto nihil tempore sensimus aegri,
(…)

838 sic, ubi non erimus, cum corporis atque animai
discidium fuerit, quibus e sumus uniter apti,
840 scilicet haud nobis quicquam, qui non erimus tum,
accidere omnino poterit sensumque movere,
non si terra mari miscebitur et mare caelo.
Et si iam nostro sentit de corpore postquam
distracta est animi natura animaeque potestas,
845 nil tamen est ad nos, qui comptu coniugioque
corporis atque animae consistimus uniter apti.
Nec, si materiem nostram collegerit aetas
post obitum rursumque redegerit, ut sita nunc est,
atque iterum nobis fuerint data lumina vitae,
850 pertineat quicquam tamen ad nos id quoque factum,
interrupta semel cum sit repetentia nostri.

neque … hīlum: überhaupt nicht
quandoquidem: da nun einmal
velut: *vgl.* sīc *v. 338*
ante āctō … tempore: in der Vergangenheit *(Lukrez erwähnt in der ausgelassenen Partie die Punischen Kriege)*
nihil … aegrī: kein Übel
discidium: Trennung
quibus ē = ē quibus
ūniter aptī: zu einer Einheit verbunden

distrahere: wegziehen
nīl … est ad nōs: es geht uns nichts an
comptus, ūs *m.*: Zusammenfügung
nec *(v. 847)* … pertineat *(v. 850)*
aetās: *hier:* die Zeit
obitus, ūs *m.*: Tod
redigere, ēgī, āctum: in einen Zustand versetzen
interrumpere, rūpī, ruptum: unterbrechen
repetentia: Erinnerung

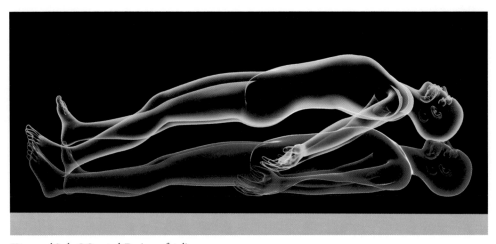

Körper und Seele, © Spectral-Design – fotolia.com

1 (a) Klären Sie die Satzstrukturen z.B. mithilfe der „Einrückmethode".
(b) Stellen Sie die Verneinungen zusammen, die in diesem Text vorkommen und deuten Sie deren hohe Zahl.

2 Fassen Sie die Thesen des Lukrez zur Todesproblematik zunächst in Stichworten zusammen. Verfassen Sie einen Essay zum Thema des Kapitels.

3 Der griechische Philosoph Platon ist anderer Meinung:
(a) Informieren Sie sich zu Autor und Werk, aus dem der folgende Text entnommen ist.
(b) Zitieren Sie die These Platons und stellen Sie die Gründe dar, mit denen er seine These zu beweisen sucht.
(c) Vergleichen Sie die Ansichten von Lukrez und Platon.

Jede Seele ist unsterblich. Denn das stets Bewegte ist unsterblich, was aber anderes bewegt und selbst von anderem bewegt wird und also einen Abschnitt der Bewegung hat, hat auch „einen Abschnitt" des Lebens. Nur also das sich selbst Bewegende, weil es nie sich selbst verlässt, wird auch nie aufhören, bewegt zu sein, sondern auch allem, was sonst bewegt wird, ist dieses Quelle und Anfang der Bewegung. Der Anfang aber ist unentstanden. Denn aus dem Anfang muss alles Entstehende entstehen, er selbst aber ist aus nichts. Denn wenn der Anfang aus etwas entstünde, so entstünde nichts mehr aus dem Anfang. Da er aber unentstanden ist, muss er notwendig auch unvergänglich sein. Denn wenn der Anfang unterginge, könnte weder er jemals aus etwas anderem, noch etwas anderes aus ihm entstehen, da ja alles aus dem Anfange entstehen soll. Demnach also ist der Bewegung Anfang das sich selbst Bewegende; dies aber kann weder untergehen noch entstehen, oder der ganze Himmel und die gesamte Schöpfung müssten zusammenfallend stillstehen und hätten nichts, woher bewegt sie wiederum entstehen könnten. Nachdem sich nun das sich von selbst Bewegende als unsterblich gezeigt hat, so darf man sich auch nicht schämen, eben dieses für das Wesen und den Begriff der Seele zu erklären. Denn jeder Körper, dem nur von außen das Bewegt-Werden kommt, heißt unbeseelt, der es aber in sich hat aus sich selbst, beseelt, als sei dies die Natur der Seele. Verhält sich aber dieses so, dass nichts anderes das sich selbst Bewegende ist als die Seele, so ist notwendig auch die Seele unentstanden und unsterblich.

Platon, Phaidros 245c–246a: Übersetzung: Friedrich Schleiermacher, 1804–1810

Zur Diskussion

Wer hat recht? Platon oder doch eher Lukrez?

Das richtige Leben

15 Was braucht der Mensch *wirklich?* (II 15–22, 37–39, III 91–93)

In den folgenden Texten geht Lukrez zunächst auf die körperlichen, dann auf die geistigen Bedürfnisse ein.

15 Qualibus in tenebris vitae quantisque periclis
degitur hoc aevi, quodcumque est! Nonne videre
nil aliud sibi naturam latrare, nisi utqui
corpore seiunctus dolor absit, mente fruatur
iucundo sensu cura semota metuque?

periclīs = periculīs
vītam dēgere: das Leben verbringen
hoc aevī quodcumque est: dieses Leben, wie wenig es auch ist
nōnne vidēre: sieht man denn nicht
latrāre: ungestüm fordern
nisi utquī: außer dass
sēiungere, iūnxī, iunctus: trennen
mente fruī: sich im Geiste erfreuen an
sēmovēre: beseitigen;
cūrā sēmōtā metūque: *Abl. abs.*

20 Ergo corpoream ad naturam pauca videmus
esse opus omnino: quae demant cumque dolorem,
delicias quoque uti multas substernere possint.
(…)

quae … cumque: alle Dinge, die
dēmere, dēmpsī, dēmptum: wegnehmen
dēliciae, ārum *f*: Vergnügen, Lust
utī = ut
substernere: bereiten

37 Quapropter quoniam nihil nostro in corpore gazae
proficiunt neque nobilitas nec gloria regni,
quod superest, animo quoque nil prodesse putandum.

quāpropter: daher
gaza: Schatz
prōficere, iō, fēcī, fectum in: förderlich sein für
quod superest: im übrigen
nīl prōdesse *erg.* ea
putandum *erg.* est

Was hilft gegen Sorgen und Todesangst?

91 Hunc igitur terrorem animi tenebrasque necesse est
non radii solis neque lucida tela diei
93 discutiant, sed naturae species ratioque.

necesse est *m. bloßem Konjunktiv*
radius: Strahl
lūcidus: leuchtend
discutere: vertreiben
speciēs nātūrae: Betrachtung der Natur

1 Nennen Sie die Ratschläge, die Lukrez zur Lebensgestaltung hier gibt.

2 Beschreiben Sie die Rolle, die Lukrez *species ratioque* (v. 93) beimisst?

3 Der Philosoph Demokrit (ca. 460–370 v.Chr.) war nicht nur einer der Begründer der Atomtheorie (vgl. S. 3), auch die Ethik war ein Schwerpunkt seines Werkes, wie zahlreiche Fragmente belegen. Vergleichen Sie die folgenden Demokrit-Texte mit den Ausführungen des Lukrez.

Demokrit auf einer griechischen Briefmarke

A. „Was der Leib benötigt, steht ohne Anstrengung und Mühsal allen bequem zur Verfügung. Alles, was Anstrengung und Mühsal kostet und dem Leib schmerzhaft zusetzt, das entspricht nicht dem Verlangen des Körpers, sondern irregeleitetem Urteil."

DK 223; Gred Ibscher / Gregor Damschen, Demokrit. Fragmente zur Ethik. Griechisch/Deutsch, Stuttgart, © Philipp Reclam jun. GmbH, 1995, 49

B. „Auf das Mögliche muß man also seinen Sinn richten und sich mit dem Gegebenen begnügen; auch soll man nicht viel Aufhebens von denjenigen machen, die Neid und Bewunderung hervorrufen, noch sich in Gedanken mit ihnen abgeben … Wer nämlich die Besitzenden und von anderen Menschen Glücklichgepriesenen bewundert und in Gedanken keinen Augenblick von ihnen loskommt, fühlt sich gezwungen, immer wieder etwas Neues zu unternehmen und sich durch Gier zu heillosem Tun hinreißen zu lassen."

DK 191; ebd., 31f.

C. „Nach Demokrit heilt die medizinische Wissenschaft die Krankheiten des Leibes, die Weisheit aber befreit die Seele von ihren Leiden."

DK 31; ebd. 55

Zur Diskussion

Sind für Sie die Ratschläge der beiden Philosophen eine nützliche Richtschnur?

Sprachliche Besonderheiten und Lernwortschatz

1. Gebrauch älterer (archaischer) Deklinationsendungen:

Form	archaisierende Endung	klassische Endung	Beispiel
Gen. Sg.	–āī	–ae	terrāī = terrae
Gen. Pl.	–um/–om	–ōrum	deum = deōrum
Akk. Pl.	–īs	–ēs	partīs = partēs

2. Tmesis:

Zuweilen spaltet Lukrez zusammengesetzte Wörter in ihre Bestandteile auf: *quae … cumque (II 404; V 1118) = quaecumque / conque putescunt (III 349) = et conputescunt*

aevum	Zeit, Zeitalter
agnōscere, agnōvī, agnitum	erkennen
caecus	blind, unsichtbar
creāre	erschaffen
dēliciae, ārum	Vergnügen, Lust
dēmere, dēmpsī, dēmptum	wegnehmen
diffīdere, diffīsus sum	misstrauen
dūrāre	dauern
egestās, ātis *f.*	Armut, Mangel
foedus	hässlich, scheußlich
fulmen, minis *n.*	Blitz
ictus, ūs *m.*	Stoß
illūstrāre	erläutern
imber, bris *m.*	Regen
immēnsus	unermesslich
impellere, pulī, pulsum	anstoßen
lābī, lāpsus sum	gleiten, fallen
lacessere, sīvī, sītum	reizen
lūmen, minis *n.*	Licht, Leuchte
mōbilis, e	beweglich

nequīre, queo, īvī *od.* iī	nicht können
novitās, ātis *f.*	Neuartigkeit
obsistere, stitī	sich entgegenstellen
odor, ōris *m.*	Duft, Geruch
peragrāre	durchwandern
percurrere, currī, cursum	durcheilen
perrumpere, rūpī, ruptum	durchbrechen
praeditus *m. Abl.*	ausgestattet mit
prīncipium	Anfang, Grundstoff
prōficere, iō, fēcī, fectum	förderlich sein
redigere, ēgī, āctum	in einen Zustand versetzen
restāre, stitī	übrig bleiben
sēiungere, iūnxī, iūnctum	trennen
sēmen, minis *n.*	Same
sollicitus	unruhig
suāvis, e	süß, angenehm
vacāre	leer/frei sein
vagārī	umherschweifen
vigilāre	(durch)wachen
vīscera, rum *n. Pl.*	Eingeweide. Leib
volucer, cris, e	geflügelt; *Subst.* Vogel